JN440265

초록비타민의 서러움 혹은

바다테마연작시집

초록비타민의 서러움 혹은

바다테마연작시집

권천학 시집

自序

나의 시 주제는 '초록비타민' 이다.
나의 삶의 주제도 초록비타민이다.
시를 써오는 내내 그래왔고,
지금도 그렇고,
앞으로도 그럴 것이다.

기름기를 닦아내고
우리의 몸을 일으켜 세우는
초록비타민.

개인주의, 자본주의에 밀려 황폐해져가는 풍요와 비만의 시대,
몸을 살리는 비타민!
그리하여 정신까지 살려내는 초록비타민!
'몸은 곧 정신의 문' 이라는 사실을 깨달은 이후 더욱 소중하다.

몸은 곧 정신의 문門!
스스로의 깨달음을 스스로 자축하며!
그리하여,
식물성의 시 쓰기를 추구한다.

『초록비타민의 서러움 혹은』은 '초록비타민'을 주제로 하고, 바다를 소재로 한 바다테마연작시로 진단시 동인으로 활동 중이던 1996년, 『시문학』 5월호부터 1997년 4월까지 연재하여 관심도 많이 끌었다. 덕분에 『시문학』의 연재를 마친 후에 이어서 『시대문학』에 바다테마연작시 2, 「잃어버린 섬을 찾아서」를 연재하기도 했었다.

연재를 마치고도 시집으로 묶지는 않았다.
특별한 이유는 없다. 매일 쏟아져 나오는 시집들과 시에 대한 실망 때문이었다. 시들이, 시가 오히려 활자들을 시체로 만들고, 그 시체들을 포장해내는 많은 시집들. 한 권의 시집에서 읽을 만한 시 한 편만 있어도 성공이라고 말할 정도로 시 풍

년이면서도 시 흉년인 현실 속에서 망설이지 않을 수 없었다. (그때나 지금이나). 쏟아내는 시들이 활자 공해, 시 공해에 지나지 않는 슬픔. 나의 시집이 사람들 속으로 들어가지 못하고 시 세상을 어지럽히는 쓰레기를 더하거나, 나무를 헛되이 죽이는 일에 가담할 뿐이라는 생각. 끔찍했다.
그것이 특별한 이유가 없다고 한 특별한 이유였다.

그렇다고 해서 시 쓰기를 멈춘 것은 아니었다. 열심히 부대끼면서 발표도 했다. 쓰레기가 되지 않기 위해서, 살아있는 단 한 줄이라도 들어있게 하느라고 깜냥의 몸부림을 쳤다. 시심이 마르면 고일 때까지, 시 굿을 하고 시 몸살을 기다리며 앓았다. 그렇게 많은 시간을 보냈다.
나의 시는 '조립시' 가 아니고 '육즙시' 이기 때문이다.

나는 한 테마를 주제로 하는 연작시 작업에도 치중했다.
백제를 테마로 한 시집 『청동거울 속의 하늘』이 그렇고, 나무를 테마로 한 『나는 아직 사과 씨 속에 있다』가 그렇다. 바다테마연작시 또한 마찬가지다. 한 가지 모티브를 깊이 천착하고 다양한 내면의 시각을 부각시키다보면 그러지 않을 수 없었다.

시집출판이 백제테마연작시집 『청동거울 속의 하늘』 이후, 13년만이다. 2003년, 딸에게 결혼 선물로 준 영역 『사랑의 아포리즘 The Aphorism of Love!』로 치더라도 8년만이다.
연재 당시에는 일련번호만을 붙였던 것을 출판을 하면서 '헤쳐모여' 를 하고 부제목을 달았다.

시들에게 미안하다. 그래서,
오랜 침묵을 깨고, 시에 대한 맹서를 깨고, 이제 묵은 시들을 꺼내어 빛을 보게 한다. 특히 당시에 해설을 써주신 김열규 선생님께 죄송하기 짝이 없다. 이번 출판으로 눈곱만큼이라도 죄송함을 덜고 싶다.
청관을 떨면서 깨달은 것도 있다. 꼭 잘생긴 시만 빚을 수 없는 일이라는 것, 그러나 그것은 어디까지나 나 자신의 역량부족에 대한 변명일 뿐, 시인으로서 용서받을 수 없다.

늦었지만 나의 새끼들이 세상 어느 구석에라도 가서 '초록비타민' 당의정 노릇을 할 수 있기를 소원하면서, 고민하고 살아낸 흔적이라도 담아두자는 궁색한 변명을 앞세운다.

2011년의 싱그러운 5월
토론토에서

| 차례 |

1부 바다가 쓰는 자서전

2부 아버지의 바다

3부 빛의 열반

4부 괴테의 과수원

5부 물의 나라 새벽

1부

바다가 쓰는 자서전

1946년, 바다

—초록비타민의 서러움 혹은 1

손만 대면 덧날 것 같은 상처를 안고 살얼음 딛듯
위태위태하게 늘 추위를 타며 살아가는 나는
봄이 와도 썰렁한 겨울 태생이다
일본 땅 후지깽(縣), 1946년의 겨울
추위가 깊어가는 섣달 초열흘
또아리 튼 어둠의 한가운데쯤에서 멀리
쩡쩡 몸 비틀며 울부짖는 겨울 바다 파도소리를 들으며
아득한 미궁으로부터의 탈출

이름도 잃어버리고 비명도 잦아들어버린 짓밟힌 조국,
살아남기 위하여 피로 물든 나날을 보내야 하는 조국,
그 눈물겨운 이름 앞에
드높은 파고의 바다를 감싸 안아야 하는 고난의 역사가
새로이 시작되는 막간에
바다는 끝없는 외로움으로 얼어붙었을 것이고
유민流民의 하늘은 막막하기만 한 칠흑이었을 것인데
징그럽게도 춥던 그 겨울의 잠 속에서도
도전의 자맥질로 잠 이루지 못한 정충 한 마리
내 영혼을 잉태한 목숨을 싣고
끝없는 모색 끝에 자궁을 탈출했을 터인데
아마 그때도 백제의 마지막 하늘처럼 매캐했을 터이다

넘치지 않음은

—초록비타민의 서러움 혹은 49

끝없이 넘어지며
뜨겁게 일어서는 바다

우리가 닿아야 할 푸른 시간들이
거기에 모여 출렁이고 있다

높이 높이 솟아오르는 꿈도 잠재우고
끓어오르는 혈압도 끌어내리고
낮게 낮게 속삭이며
때로는 불끈거리며,

절망할 줄도 알고
부서질 줄도 아는 바다

그러나 바다가 넘치지 않음은
언제나 가장 낮은 곳에
몸을 두기 때문이다

삶의 원론

—초록비타민의 서러움 혹은 3

인생론人生論의 원서原書를 읽으러
바다에 간다

열어놓은 넓은 책장마다
수만 비트의 기록들이 내장되어 있는
바다는 삶의 원론原論이다

갖가지 상형문자로
온갖 몸동작으로
읽어낼 수 있는 만큼은 펼쳐 보이고
나머지는 묻어두고 있다

파도의 갈피갈피 묻힌 뜻을
깨닫기 위해
깊은 심중에 쟁여 있는
지혜의 초록비타민
그 푸른 옷을 얻어 입기 위해
바다에 간다

고산죽

–초록비타민의 서러움 혹은 11

갖고 싶었네
보길도 같은 익명의 섬 하나쯤
나대지裸垈地로 누워있는 빈터
묵밭 일궈낼 내연의 섬 하나쯤
찬바람만 들이치는
내 생애의 깎아지른 해안
그 끝없는 기다림을 붙들어 맬
심지 푸른 사내 하나쯤
숨어서도 곧은 고산죽孤山竹 한 그루
가꾸고 싶었네

바다로 가는 길

—초록비타민의 서러움 혹은 16

그 새벽
바다로 가는 길은 멀다

간밤에 돋아 무성하게 자란 잡초를
낫질해가며
새벽어둠 속을 돌고 돌아
잘못 든 길을 돌고 돌아
아침에 이르러서야
바다에 도착했지만
이미 바다는 떠나고 없다

짠 내 질펀한 포구에
더러워진 옷을 벗어놓고
싱싱한 바람들이 모여 살고 있을
땅 끝을 향해 떠나가 버린 바다의
구겨진 옷자락에
시커먼 펄이 유언으로 고여 있을 뿐

헛짚은 발길들을 되짚어가며
바다로 가는 그 새벽길 내내
병든 바다의 신음소리가 따라 다닌다

뼈에서 태어난 섬
–초록비타민의 서러움 혹은 7

바튼 기침 위로
물살 지나가고
지나갈 때마다
철석철석철석철석철석철석철석
멀미로 부서지는 뱃전
때때로 머무는 달빛마저 무겁다

계절의 관절마다
길이 비틀거리며 흘러가고
출렁출렁출렁출렁출렁출렁출렁
길이 트일 때마다
퍼렇게 덧나는 상처
상처 위에 끼얹어지는 소금기

부서진 뼛속으로
스멀스멀스멀스멀스멀스멀스멀
스며드는 바다
스며들 때마다
움뼈가 돋고
돋아난 움뼈 속에서 태어나는
눈 먼 섬

홍어 좆
—초록비타민의 서러움 혹은 19

우리는 맥없는 공
만만하다는 홍어 좆만도 못한 공이다

높은 사람들이 휘두르는 골프채에 맞아
그들의 목표대로 날아가 주어야 하는,
때로 빗나가기도 해서
짭짤한 힘의 맛을
그들에게 제공해야 하는,
알아서 튀거나
맞고 튀거나
튀는 건 다 같은 튀는 거라고
흰소리로 가슴 쓸어내리는
좆도 아닌 공

고상한 사람들이 즐기는
테니스 라켓의 그물 망 위에서
튀는 햇살에 뭉쳐져
치는 대로 통통 튕기는, 튕겨지는
때로 빗나가서
게임의 묘미를 더해주는
소프트 혹은 하드

동행同行

—초록비타민의 서러움 혹은 30

삶의 열기를 파도로 실어내는 바다가
아버지에게 그랬듯이
더운 심장으로 부대끼는 나에게도
손을 내민다
함께 가자고

어차피 가야 할 길
주거니 받거니 동행이나 하자고
슬며시 바다의 손을 잡는다

자맥질
−초록비타민의 서러움 혹은 6

밀물의 그리움과
썰물의 허무
그 끝없는 자맥질에
무정란無情卵의 알을 배는
밤바다

파도가 쓸어간 진흙 뻘밭 가슴
빈 가슴에 채워지는 갯바람에
늙어버린 바다의 아낙
드높은 폭풍 아래 엎드려
외눈박이 새끼를 깐다

산호도시
-초록비타민의 서러움 혹은 21

산호도시에 새벽이 오면
청소부 놀래미가 다시마 가로수 길을 쓸고 간다
환경미화원 박씨가
우리들 머리맡에 쌓인 새벽어둠을 쓸고 가듯
대기업의 엘리트사원으로 젊음을 쏟아 붓는 애들 삼촌처럼
등 푸른 고등어와 가자미들이 이른 출근을 하고 나면
게으른 배불뚝이 복어가 느릿느릿 집을 나서고
중소기업체를 운영하는 손 사장이나 공무원 김씨
느긋한 출근길에
야간근무를 하고 돌아오는 공단근로자 순태씨와 마주친다
상습적으로 병목현상이나 교통체증을 일으키는
영등포 로터리나 남부순환도로 혹은 88도로에서
발을 동동 구르는 서울시민들의 짜증나는 아침처럼
산호도시 주민들의 아침도 분주하다
유난스런 디자인과 튀는 색깔의 무늬 옷을 걸치고
개성을 주장하는 X세대 물고기들
우리의 아이들 김건모나 투투 서태지와 아이들이 그렇듯,
분홍색으로 치장한 마오마오
밤만 되면 압구정동이나 방배동 카페거리의 오렌지족처럼
눈부신 조명 아래 모여들고

미식가 꽃도미
플랑크톤만 먹는 편식증의 물고기들
뾰족한 무기와 독소를 지닌 지존파도 있지만
밤을 낮 삼아 불면의 시간을 보내는 시인들처럼
혹은 적은 임금과 쥐꼬리만 한 수당에는 아랑곳하지 않고
잔업으로 땀 흘리는 근로자들이 초롱초롱 불을 밝히는
야행성의 주민이 있어 아름다운 산호도시,
해저타운 산호도시 산호거리에
오늘도 보이지 않는 질서의 하루가 피고 진다

포경, 그 무렵에
–초록비타민의 서러움 혹은 29

포경, 포경, 포경, 포경, 포경……그 무렵엔 신문만 펼쳐들면 바다가 넘쳤다 날마다 명함 크기만 하게 찍혀 나오는 바다, 웬 고래가 그리도 많이 잡히는지, 우리나라에선 장생포에서만 고래가 잡힌다고 책에서 배웠는데 신문만 펼치면 네모 칸에 갇혀 끊임없이 실려 나오는 포경, 포경, 포경, 포경……, 지구가 네모 아닐까 헷갈렸지만 아무도 가르쳐주지 않았기 때문에 그때부터 혼자서 터득하기 시작했다 학교에서 배우는 공부와 세상 사이에는 엄청난 굴헝이 비리처럼 가로막혀 있다는 것을, 남에게 보이는 장부와 보이지 않는 비밀장부를 따로 만들어야 하고, 기록으로 남기는 일기는 누구에겐가 보이기 위한 일기이며 진짜 비밀일기는 가슴에 쓴다는 것을, 아는 것이 많아질수록 어지러웠다

그 후로는 내내 아는 것과 모르는 것 사이에 알 수 없는 무엇인가가 끼어들었다 끼어들어서, 나와 세상 사이에, 나와 친구 사이에, 나와 시 사이에, 심지어는 나와 나 사이에 괄호나 블랭크를 만들어놓아서 갈팡질팡 흔들려야 했다 시간이 흐를수록 꿈과 현실 사이에서, 도리와 명분 사이에서, 가식과 진실 사이에서, 앞모습과 뒷모습 사이에서, 겉과 속 사이에서, 말과 행동 사이에서, 웃음과 혀 사이에서 나의 어지럼 증세는 깊어져갔다

알수록 모르겠고 믿을수록 못 믿겠는 세상살이에 서툰 나머지 곧잘 두통을 동반한 현기증을 일으키곤 했는데, 두통이 평생 지병이 되리라는 걸 그땐 몰랐다

생각해보면 포경과 고래잡이를 혼동했던 그 무렵부터, 바다는 늘 그렇게 내 안에 스며들어서 멀미를 앓게 했고, 바람 잘 타는 나에게 세상공부를 시켜주었는데 그 후로 나는 익사하지 않는 방법까지, 넘어져도 다치지 않는 낙법까지 터득하기 시작하면서 〈슬픔〉이라는 만성지병을 얻기는 했지만 푸르고 단단한 지느러미로 바다를 거느리며 때려눕히는 고래 떼들을 보고 힘을 얻었고 그 중에서도 바다를 헤엄쳐 가는 향유고래가 되기로 작정했다

인생론 집필 중
—초록비타민의 서러움 혹은 48

바다는 오늘도
인생론 집필에 몰두하고 있다
쓰고 지우고 쓰고 지우고
격렬한 필치의 서사시도 인용하고
수채화 같은 서정시도 펼치면서
끝도 없이 고쳐 쓴다

시궁창에 처박혀 숨도 쉴 수 없었던 일
사탕발림에 속아 간도 쓸개도 다 넘겨주고 나서
돌아설 때 등을 치며 날리던 헛웃음
길 잘 못 들어 허덕이며 가슴 치던 절망마저도
어느 것 한 가지 약 아닌 것 없고
한 번도 잘나본 적 없던 남루한 시간들이
모두 엉겨 진하게 달여진 잉크,
피를 삭여 쪽빛을 내는 잉크를 찍어
응달과 양달을 뒤섞는 펜 끝에
온 세상이 줄줄이 매달려 휘날린다

바다가 촘촘히 써나가는 인생론을
읽고 또 읽어 가면

첩첩 쌓인 삶의 숨겨진 언덕들이
한 켜 한 켜 때 묻은 살 껍질들을 벗겨낸다

2부

아버지의 바다

길

—초록비타민의 서러움 혹은 2

길이 어디 길뿐이랴
바다에도 길이 있고 하늘에도 길이 있다
몸에도 길이 있고 생사에도 길이 있다

사람은 사람의 길, 나무는 나무의 길,
배는 뱃길, 바람은 바람의 길
사람 사는 것이 꼭 손금대로만 가는 것도 아니어서
간혹 허방도 짚고 섶 지고 불구덩이에도 들어간다
사람 사는 길이 어디 지도 보고 찾아가는 길이던가
간혹 헤매기도 하고 낭떠러지에도 선다

출렁출렁 오르락내리락
세상바다건 바다세상이건
어디에도 뻗어있다

폭풍 속에서
—초록비타민의 서러움 혹은 28

폭풍 속에서 만난 한 사람
어깨를 들썩이며 숨을 토해내는 그의 몸에서
물기가 뚝뚝 듣고
알싸한 해초냄새가 나는 옷자락에선
아직도 바람이 나부끼고 있다

고향을 묻는다
바람이 불어오는 쪽을 가리킨다
멀리 그의 손가락 끝에서
바다가 끝없이 출렁이고 있다

어디로 가느냐고 묻는다
근육질의 등을 보이며 말없이 돌아선다
늘펀한 바다가 시선을 막아서는
그의 등 뒤에서
시퍼런 파도가 힘줄 돋우며 일어서고
그 너머에 검푸른 시간이
섬처럼 깜깜하게 떠있다

아버지의 바다
—초록비타민의 서러움 혹은 13

막연한 기다림으로 갈피잡지 못하고 있는 중에
해방의 소식이 타전된다
건너야 할 바다 저편에서

기쁘지만은 않다
해방은 통일이 아니기 때문이다
해방은 자유가 아니기 때문이다

오죽했으랴
묶임에서 풀려나 소용돌이치는 물굽이 위에 뜬 채
돌아갈 차비를 서두르는 발걸음 막아서는
바다
그저 막막하기만 조국은
망망한 바다 건너 아득한 섬으로 떠있을 뿐

그렇다
그때나 지금이나
아버지가 던져져 있는 곳은 바다 한가운데였고
아버지가 바라는 것은 언제나
수평선을 흔드는 파도 너머에
아득한 섬으로 떠있을 뿐이다

모든 것은 낮은 곳으로부터
—초록비타민의 서러움 혹은 40

모든 것은 낮은 곳으로부터 시작된다

높아질수록
낮아지는 자리

우리가 이루어낸 것들
쌓이고 쌓여 산을 이루는 동안
패여 나간 곳 메꾸며
자리 잡는 바다

깊어지고 깊어지고
그리하여 산의 높이는
언제나 바다로부터 시작되는 것을

제아무리 산이 높아도
숨어있는 물길 건너지 못함을
이제야 알 것 같은
우리들 삶의 높이는
해발 몇m나 될까

이별연습

—초록비타민의 서러움 혹은 23

뱃고동 뚜우 울릴 때마다
사람들은 이별을 하고
조금씩 멀어지는 섬들 사이로
떨어져 내리는 목쉰 새 울음
우리도 조금씩 물러앉는데
약속한 바람은
물결 위에 난 발자국마저 지워버린다

어쩌다 돌아보면
저 멀리 그대 사는 작은 섬
어느새 안개비가 적시고 있다

동네북

—초록비타민의 서러움 혹은 47

둥둥둥
만선을 알리는 북이었다면 오죽이나,
주름진 가슴 활짝 펴고 휘날리는
오색 깃발이었다면 오죽이나,
그런 날이 평생에 몇 번이나 있을까

우리는 먼지 뒤집어쓴,
더러 똥바가지도 뒤집어써야 하는 북이다
길거리에 놓인 자판기처럼
창녀처럼
싼값에 속을 뱉어내야 하는,
몇 닢의 동전으로
전자오락실 앞 길거리에 나앉은
두더지처럼
고개를 쳐들면 두들겨 맞고
두들겨 맞아가며 실팍해진 고개를
맞기 위해 쳐들어야 하는 맷집
심심풀이로 팡팡
하릴없이 펑펑
시도 때도 없이 텅텅

까닭 모른 채 얻어맞다가
쓸모없이 버려진
우리는 북,
헛 북이거나 동네북이다

희망의 유산
—초록비타민의 서러움 혹은 14

바다를 건너기 위해 아버지는 모든 것을 바다에 띄워 보내야 했다 근근이 타국생활을 지탱해주던 가재도구와 피땀 흘려 벌어들인 구겨진 지폐뭉치와 부엌살림, 식솔들의 허기를 담아내는 밥그릇들… 그리고 목숨까지도 바다에 띄워야 했던 아버지는 젊음조차도 단단히 묶어 짐 속에 꾸려 넣고 배에 싣는다

꾸려 넣은 짐보다 꾸려 박은 삶이 더 많다
배에 올라타는 순간 또 다시 유민이 된다
아!
그 순간부터는 불행도 희망이고,
추위와 배고픔도 희망이다

바람앓이
—초록비타민의 서러움 혹은 12

떠나면 돌아오고, 돌아오면 떠나는
사는 곳이 확실치 않은 사람
그러나
말을 타고 삼지창을 들고 바다 위를 달려
나에게로 오는 사람
오늘도
청동의 말굽과 황금 갈기를 휘날리며 나에게로 온다
한사코 머물지 않는,
그러나 온통 나를 묶어 버린 밧줄의 고삐를 쥐고
감고 풀고, 감고 풀고, 감고 풀고…
그가 떠나면
바다를 뒤엎던 파도 위에서 깊었던 멀미가
조가비 부스럼으로 돋아나고
그가 하얀 수염을 날리며 말을 타고 다시 돌아올 때까지
풍風을 앓는다

떠돌이의 밤
−초록비타민의 서러움 혹은 37

먼 길에서 돌아와
부두에 부려진 짐짝들 위에
항해를 끝낸 지친 기선의 기적소리가
물안개 되어 내려앉는다

또 다시 떠나야 하는
아침이 올 때까지
더욱 외로워야 하는
항구의 밤은 길지 않다

부려진 짐들이
옷도 벗지 않은 채 보내야 하는
떠돌이의 밤

꿈이 접안될 때마다
가슴이 아프다

땀 흘리는 바다
–초록비타민의 서러움 혹은 38

갠트리 크레인으로 퍼 올려지는 바다는
겨울에도 비지땀을 흘린다
들고나는 화물들 속에
묶여나간 젊음
떠나야 하는 미지의 뱃길은 멀다
떠나보내는 마음 더욱 멀다

짐짝으로 동여매여져
야적장에서 보내야 했던 초조한 시간들과
길들어져야 했던 컨테이너 속의
칼질된 어둠을 견디면서도
방파제 너머의 파도소리로
갈 길을 가늠한다

풍랑의 뱃길 너머에 있는 나라
그 나라로 가는 길은 날마다 푸르고
그 나라의 해안에 상륙하는 일은
늘 땀나는 일이다

빈 섬 집
—초록비타민의 서러움 혹은 46

바람 떠나듯
사람들 바람 따라 떠나고
혼자 남은
빈 섬 집

파도소리 들어와 쉬었다 가고
울음소리 집세 삼아 세 살겠다는 갈매기
가끔씩 계약하러 들를 뿐

이승의 살림 꾸려
나 떠나고 나면
내 자리 누가 들어와 살까

바람, 파도, 햇볕……
아무나 들어와 쉬어가라고
안방이건 대청마루건 모두 비워놓고
초록비타민까지 마련해 놓은
빈 섬 집

떠날 때처럼

바람에 이끌려 돌아올
안부 기다리며
오늘은
문짝까지 떼어낸다

무언
—초록비타민의 서러움 혹은 18

바다에선
막막하여라
한 꺼풀 껍질을 벗고
또 벗고 벗고
끝없이 벗어도……

잊어야 할 덧이름 지우고
또 지우고 지우고
끝없이 지워도……

그저
막막하기만 하여라

3부 ··· 빛의 열반

이유
―초록비타민의 서러움 혹은 25

벗어나고 싶어
바다에 간다

갇히고 싶어
섬에 간다

도시 탈출
–초록비타민의 서러움 혹은 26

자, 이제 떠나기로 한다
공시지가 표에 시달리는 땅을 내놓고
오존냄새 맡으며
알레르기성 피부염을 치료하러
물새소리 들리는 곳으로
그린벨트로 묶어놓은 자연을 찾아서

우리를 겁주고 위협하는
공포의 단어들
교보문고의 사전류 갈피에나 묻어두고
흑단 같은 머리칼을 잘라내 버린
칼날의 시간
황음의 사타구니에서 뿜어내는
욕정의 거리
그 매연의 밤을 떠나기로

솟아오르는 고층빌딩에 가려
제대로 보이지 않는 해를 만나고
싱싱한 자외선을 쬐러
잿빛 도시를 잠시 비워두기로

유리문 중년

—초록비타민의 서러움 혹은 45

파란 유리문을 밀고 들어선다
투명하게 빛나는 햇빛들이
지느러미를 털고 있다
산호 숲 물 그늘 아래
눈부신 시간들이 모여
빛의 알갱이들을 줍고
물살의 푸른 근육들이 서로 엉겨
유리琉璃 기둥을 휘감아 올린다

사십 넘어 다다른 언덕길
일단 정지!
바다가 보이는 언덕에 서서
모든 것을 정지시켜 놓고
바다가 여는 파란 유리문 안으로 들어가
인생의 한나절을 조율하고 있다

살풀이 굿
–초록비타민의 서러움 혹은 44

그래 좋다
하고 싶은 말 다 해보아라

앙금이 되어 가라앉은 소망들
때 묻은 말이 되어 떠다니는 소문들
소인 없이 되돌아온 사연
얽어매고 조여 오는 사슬
모두 풀어놓아 보아라

누군가 목을 비틀어주고 싶었던 일
암내 나는 한 마리 암컷이 되어
흔들어 버리고 싶었던 그 남자의 성城
혹은 껴안고 싶어 치솟던 불기둥
속속들이 할 수 없던 말
시치미 떼어야 했던 일
모두 털어놓아 보아라

이타이이타이병이 들어
툭툭 불거진 관절
남실거리는 물이랑에

꺾어진 시간들을 다 들추어내어
한 마당 뒤풀이 신나게 해 보자꾸나

꽹과리 깨갱깨갱
징채 북채 휘둘러라
휘몰이 자진모리로 몰고 들어가
살 풀어내듯 얼 풀어내듯
신명 한 판 풀어보자꾸나

사는 맛
—초록비타민의 서러움 혹은 31

산다는 게 뭡니까?
더러 실패도 해야 맛이지요
쓴맛 단맛만 어딘 맛인가요?
눈물 콧물 범벅인 쓰고 비린 맛,
에잇 퉤! 퉤! 퉤! 모두 맛이지요

그래서 바닷물이 짭짤합니다
싱거우면 맹탕
짭짤해질 때까지 기다리는 수밖에요

꼼장어, 새꼬막, 홍합, 세발낙지… 닭똥집까지 구색으로
비릿한 바다의 전 벌린 요것들도
바다의 식구들 아닙니까 어디 고래만인가요?

쓴 소주 한 잔에도 바다와 대작하는
요 맛!
어디 고급호화판이 따로 있나요
슬픔 근처에 절여져서 오래 싱싱한 맛
이게 바로 세상 사는 맛 아닙니까

빈손 펼쳐들고 돌아와
우짖는 바람소리 속에서
어쩌다 살아남은 희망들이
짠맛에 절여놓은 바다의 살이 되어
더 깊은 태풍의 늪으로 빠져들게 하지만
그게 진짜 사는 맛이라서
밋밋한 행복보다는
불행을 선택하는 이유이지요

큰소리 텅텅 치면 칠수록
그게 다 허풍이란 걸 왜 몰라요
달팽이관을 치며 심장에 이르는
기다림마저 없었다면
허공에 매달린 팔 놓아
목숨의 줄 끊어버리고
진즉 바다로 뛰어들었을 겁니다 아마

수차 위에서

–초록비타민의 서러움 혹은 27

수차水車 위를 걸어간다
지쳐 널브러진 시간들이 걸려 올라온다

보폭마다 엮인
허세 위선 허풍 사치 체면 욕심
썩기 쉬운 온갖 것들이,
썩어버려야 할 온갖 것들이
바닷물에 절여진 채 맥없이 줄줄이,

퍼 올려 담겨진 바다의 살점들이
퍼덕거리며 햇볕에 걸러지고
갯바람에 살갗을 말리며
웅크린 시간의 마디에도
짭짤하게 간이 배고

아직 지느러미가 되지 못한 것들이
아직 굳어지지 못한 뼈들이
아직 말하지 못한 사연들이
땀을 흘리며 줄줄이

끌려나온 바다의 살점들이
퍼덕거리며 햇볕에 걸러지고
갯바람에 살갗을 말리며
웅크린 낮과 밤

돌고 도는 계절의 벼리에 옭아 매인
끝없는 발걸음
땀띠 나는 여름 뙤약볕 아래서도 하얗게
서리 내리는
소금 갱이 있다

퉁소

－초록비타민의 서러움 혹은 9

바다가 보이는 언덕에 서면 나는
도리 없이 바람집 퉁소가 되고 만다

대책 없이 흔들어대다가
끝내는 돌아서버리는 바람 앞에서
끈 놓친 연이 되고 말 것만 같아
몸 곳곳에 숭숭 구멍을 뚫는다

구멍을 뚫고도
찢어진 깃발이 되어
바다의 길이 되고 마는 퉁소

빠져나갈 때마다 붙여지는 이름들
빛나는 뜻 하나가
지워지지 않고
살가운 의미가 되어 다시
허름한 옷으로 입혀질 때까지
흔들리다가,

헛된 바람들이 빠져나간 길을 따라

비워낸 생각 틈 사이에서
그 허퉁한 바람 하나가
아름다운 소리가 될 때까지
깎고 깎은 바람통 끝에
대롱대롱 매달리는 햇살들

혀끝에 얹힌 모음 하나가
아름다운 물결소리가 되어
반짝거릴 때까지

빈 대롱 가득 고여 있는
민들레 씨앗 같은 낱말들
한 덩이 바람으로 살아남아
바다 위를 끝없이 떠도는 나는
아직도 짙푸른 바람집 퉁소다

푸른 맨살

–초록비타민의 서러움 혹은 52

바다는 늘 알몸이고 싶어 한다
치렁대는 욕망들을
짠물에 절여가면서
바다는 늘 질펀하게 흐느낀다

파도 아래 엎디어 칭얼칭얼
신열로 부대끼는 섬
그 비린내 나는 몸뚱이를
싸늘하게 식혀가며
비늘 돋친 마른 살을
끝없이 적시는 투명한 겨울 속에서
바다는 늘
소금기를 모두 헹구어내며
더욱 푸른 맨살이고 싶어 한다

동침

−초록비타민의 서러움 혹은 41

바다에서 보면
뭍도 섬이다

내겐 그가 섬이듯
그에겐 내가 섬이려니

바다와 뭍
오랫동안 서로 할퀴며 휘날리고
여전히 살 섞으며
바람 한가운데서 멀미를 앓고

그와 나
상처를 덧나게 했던 아픔들이 벗어놓은
허무의 껍데기를 깔고 누워
여전히 살 섞느라
살앓이만 무성하다

오늘밤도
반짝이는 슬픔 내 곁에 앉아있고
바다는 오랜 침묵 끝에
마음의 불을 끄고 눕는다

빛의 열반
─초록비타민의 서러움 혹은 42

밀물의 그리움과
썰물의 허무
그 끝없는 자맥질에
무정란無情卵의 알을 배는
밤바다
파도가 쓸어간 뻘밭 가슴
빈 가슴에 채워지는 갯바람에
늙어버린 바다의 아낙
드높은 폭풍 아래 엎드려
외눈백이 새끼를 깐다

묵상의 밤이 그렇게 오고, 가고
그리고 낮이 올 때까지
떠오르는 해 이지러지는 달까지
눈여겨 새겨둔 망막 뒤편에
한 세월을 파내고 깎아 낸 凹凸
그 깊은 바다 밑에 숨죽인 채
가닥가닥 부서지며 가라앉힌 회오리
출렁이는 파도를 덮고 누운
숙면의 잠

드디어 열반에 드는
빛의 침묵이 시작된다

조나단 리빙스턴 시걸에게
—초록비타민의 서러움 혹은 4

날개와 날개가 부딪쳐 길을 내고
꿈과 꿈끼리 부딪쳐
추락하는 곳엔 늘
파도가 일어선다

시속 100km의 꿈이 날기 위해
시속 1000km의 난기류와 부딪고
1000mb의 기압에 눌려
부서져 내리는 바다 위에서
또 다시 솟아올라
1만 피트의 고도에서 뛰어내리는
날개의 꿈

조나단, 다시 날아올라라
끝없이 솟구쳐라 조나단

가문리

–초록비타민의 서러움 혹은 20

고모는 말한다
할배들이 뿌리 튼튼한 나무로 자라고 있는
아버지의 고향산천에서 지천으로 피어 있는
참꽃가지 꺾어 안고 가문리 마실로 너훌 너훌
열아홉 낯선 가시내 들어서면
"우짜문 저리 곱노?! 선녀 같은 저 처자 누고?"
쫑긋 쫑긋 입을 대는 마실 사람들에게
"전라도 사는 질녀 아이가"라고 으쓱하며 말했다는
고모는 지금도 그때 모습이 선하게 떠올라
스무 해도 넘는 세월의 그을음이 주렁주렁
매달린 모습 위에 자꾸만 덮씌워져 마음이 먼단다
"야야, 그 좋던 시절 다 어디로 갔노?"
그 말씀 끝에 이슬이 조롱조롱 매달리고
이슬방울 흔드는 바람이 살 속까지 파고들어
마음을 흔들어댄다

4부

괴테의 과수원

난파선
—초록비타민의 서러움 혹은 22

질펀한 욕망의 바다
삶의 휘몰이 한가운데서
앓는 어질병

앗줄 끊어져
흔들리는 뱃길
또 한 번 마지막이기를 빌며
돛폭에 바람 모으는 난파선

어디든 닿고 싶은
내 작은 나룻배

황산의 나비들
—초록비타민의 서러움 혹은 17

눈만 감으면 출렁거린다
김제평야의 드넓은 나락 밭 위에서
부황 뜬 시절을 지낸 유년을 살찌우던 가을이 출렁거리고,

초등학교 운동장보다 더 넓은 들판으로 나가
독새기 풀씨 받으며 타넘던
논두렁
잡풀도 그렇게 명命을 이어주던 한때의 시절이 출렁거리고,

양조장집 식구食口통에 줄 선 동네 사람들
술지게미의 취기로 허기를 달래던 시절이 비틀비틀 출렁거리고,

동리마을 성머리 아름드리 정자나무 아래 정갈한 모시옷 차림으로 나앉아 온종일 말없이 먼 하늘만 바라보시던 고성할배의 단아한 모습이 먼 바다 빛으로 출렁거리고,

김제金堤 읍내로 가는 재빼기 너머까지 춘자春子 따라갔던 어느 해 봄, 아지랑이 덮씌워진 산을 헤매다 진달래 한 아름 안고 벌겋게 꽃물이 들어 돌아온 어스름 저녁, 회초리 든 어머니의

눈빛마저 물들이던 꽃빛깔이 출렁출렁

노랑나비 봄꿈 꾸는 공자리 밭에 들어가 꽃모갱이 꺾다 놓쳐 버린 풋내 나는 꿈들이 부화한 황산黃山의 나비들, 지금도 가끔씩 나풀나풀 꿈에 나타나 노랗게 노랗게 빈혈 일으키며 사는 내 중년을 출렁이게 한다

삶의 모퉁이를 돌아서

—초록비타민의 서러움 혹은 32

바다에 던져져서도
섬이 되지 못하는
너
파도에 밀리고 밀려도
육지가 되지 못하는
내 속의 너를 만나러 간다

표정 없는 날들이 절뚝거리며 걷는
골목길을 지나고
실명한 꿈들이
비틀거리며 부딪치는
삶의 모퉁이를 돌아서

섬이 되어서도
파도에 몸 맡기지 못하는 너
육지가 되어서도
바다의 꿈 못 버리는
내 속의 너를 만나러
오늘도 또 돛을 올린다

무등

–초록비타민의 서러움 혹은 51

무등을 타고 넘나드는
그 푸른 바람이
오늘은 내 목숨 한 귀퉁이를
허물어내고 있네요

저기
젖은 물항라 치맛자락 걷어 올리며
동백처럼 붉어진
섬 한 채
둥둥 떠오르네요

추억의 바늘귀
—초록비타민의 서러움 혹은 24

때로는 약이 되고 때로는 독이 되고
때때로 씁쓸한 미소도 되고
달콤한 눈물도 되어 들쑤시는
근육의 기억

"인생살이 바닷길 참으로 못 믿을레라"

내가 인생살이에 실패하지 않았더라면
바다는 만나지 못했을 거고
고모는 그렇게 말하지 않았을 게다

바다는 늘 거기 있을 거고
그래도 인생은 늘 실패할 거고
그래서 우리는 늘 그리워할 게다

상처들을 박음질한 추억의 바늘 귀
더러 일깨워도 주고 씻어도 주는 바다
이제는 실밥마저 뽑아버려야 하는
내 귀에 대고
고모는 오늘도 파도처럼 말한다

"바다엔 한 번씩 된바람 불어야 하는 법이지"

사슴눈 고성할배
—초록비타민의 서러움 혹은 15

철이 들고도 훨씬 뒤의 일이다

고성할배의 사슴 눈 속에 이는 바람이 정자나무 잎새를 떨리게 했던 바람이었음을,
목을 늘이다 마주치는 눈길이 무안해서 스치듯 비키는 눈빛 속에 언뜻 서늘한 바다가 출렁거림을,
그리고 그것이 무자식無子息으로 치루어내는 타향살이라는 것을,
젊은 날 고향을 등진 업 닦음으로 끌어안고 사는 처절한 외로움이었음을 안 것은,

폴폴 먼지 나는 솜리 쪽 신작로에선 언제나 들릴까 곡마단의 낡은 트럼펫소리
하루에도 몇 번씩 솜리로 김제로 오가는 버스들이 실어 나르는 땀띠 나는 시간들,
목천포木川浦 다리를 건널 때마다 만경강으로 뻗어오는 서해 바다의 짠 내 나는 바람에 소독되고 있었음을,

목을 늘이다 마주치는 눈길이 무안해서 스치듯 비키는 눈길 속에 언뜻 서늘한 바다가 출렁거림을,

그것이 무자식無子息으로 치루는 타향살이라는 것을,

젊은 날 고향을 등진 업 닦음으로 끌어안고 사는 처절한 외로움이었음을 안 것은,

세상 가운데로
—초록비타민의 서러움 혹은 10

노를 젓다가 뒤를 돌아본다
지나온 물길을 파도가 지워버리고
물이랑만 따라오며
어서 가라고 손짓한다

바다는 늘 그렇게 능청스럽다
흔적을 지워버리고
길을 삼켜버리면서
언제나 나를 혼자이게 하고
풍랑의 세상 가운데로
끝없이 내어 몬다

망망한 외로움 가운데서
문득 고개를 들면
바닷새 울음소리
허공에 금을 긋고 지나가고
저 멀리 아득한 섬 하나
어서 오라고 손짓하고
언듯,
바람에 몸을 날리며 서 계시는 아버지

독주獨奏
–초록비타민의 서러움 혹은 8

바다는 늘 혼자서 운다
나도 늘 혼자서 운다

울다가 울다가 울다가 보면
바다가 무반주 첼로곡을 연주한다
나도 무반주의 생을 연주한다

새도 바람도 생살을 파먹는 조개들까지도
거들어주질 않아
저마다 제 혼의 집을 지을 뿐이라고
바다가 푸념한다

아무도 대신 살아주진 않아
내 몫의 등짐을 지고 혼자 가는 길가엔
비 내리는 날 함께 젖는
풀꽃도 피어있고
지친 걸음을 더욱 더디게 하는
돌멩이도 채이지만
그들은 그들대로
나는 나대로라고
맞장구친다

괴테의 과수원
–초록비타민의 서러움 혹은 57

중년이 되어서야 알았다

부용芙蓉집 담 넘어 반월리半月里로 굽어지는 괴테네 과수원 탱자 울타리에 밤새 내려와 집을 짓고 등을 밝히던 별들은 날이 밝아도 떠날 줄 모르더니,
수밀도水蜜桃 익어가던 복숭아나무 아래 앉아서 떠나버린 통학열차가 유강리 쪽 모퉁이로 돌아설 때 꼬리 흔들어 내던 기적汽笛소리 들으며 두근두근,
늘 안부가 궁금한 괴테를 꿈꾸며 소설을 구상하던 소녀시절을 소설처럼 끌어안고 있는 덧없는 세월의 가시,
하얗게 하얗게 덮어주는 탱자꽃 구름처럼 일어나는 이 흔들림이,
가시에 찔린 상처에 쑥부쟁이 꽃잎 말려 붙이던 추억이,
지병持病이 된 두통이
모두 외로움이라는 것을

찻잔에 동동 떠오르는 쑥부쟁이 꽃잎차를 마시는
중년의 아침이 되어서야 알았다

괴테의 과수원엔 지금도 눈이 내릴까

매혹
–초록비타민의 서러움 혹은 5

그녀가 뿌리는 눈웃음에선 살살 은비늘이 묻어난다
비릿한 살 냄새를 감추느라 깔깔거리며 호들갑을 떨다가도
새쭉하게 토라져 돌아앉기도 하는 그녀
그녀가 꽃보다 더 진하게 피어날 때는
숨이 막힐 지경이다
심사가 뒤틀린 날엔 게거품을 뿜어내며
악다구니를 쓰다가도
어느 순간에 아른아른 속살 드러내며
교태를 부리기도 하는
그녀, 천 길 낭떠러지

그녀에게 익사 당할 때마다
행복하다

슬픔 한 올
—초록비타민의 서러움 혹은 34

누구의 가슴에나 떠도는
그런 바다 말고
누구네 집에나 있는 그런 가재도구 말고
누구에게나 찾아와
몸살 앓게 하는 그런 계절도 말고
누구나 품어 안을 수 있는
그런 여자 말고

빛나고 싶어 출렁이는 물결이 아닌
날카롭고 싶어 스스로 베이는 칼이 아닌
권위롭고 싶어 굳어버린 낱말이 아닌

보석 같은 꽃잎
초록비타민의 서러움 혹은
뿌리의 슬픔 한 올

패잔병
–초록비타민의 서러움 혹은 50

골목길 어귀부터 먹어들어 간
간밤의 갈까마귀 떼
그 골목 깨울까 두근두근
서둘러 출항하는 어부들의 어깨 위에 얹혀
함께 떠나는 새벽어둠

불꽃 튀는 바다 위의 전쟁을 알고 있는
뱃사내들의 여편네들
목숨 건 소리 없는 총성 귀에 쟁쟁하여
일손 놓치고
자꾸만 바다 쪽 들창문을 여닫다가
점심 한나절 겨우 넘기고
돌아올 서방들을 맞이하기 위해
물때 맞추어
포구로 몰려 간다

어쩌다 만선으로 돌아오는 날에도
시체들을 가득 싣고 온
패잔병 서방들

바다에게 배운 솜씨로 품어 안아준다

5부

물의 나라 새벽

문
–초록비타민의 서러움 혹은 43

문이란 문은 모두 열어놓았다
바람이 불 때마다 들썩이는
바다의 문,
도시의 문,

함정도 되고 늪도 되는 용광로의
그 큰 불의 아가리

희망은 늘
문 밖에서 출렁이고 있다

미망迷妄
―초록비타민의 서러움 혹은 39

해가 진다
어둠 속에선 바다도 어둠이다
미망迷妄의 허공 속에서 누군가
옷 벗는 소리가 들린다
거칠어진 머리카락을 잘라내는
가위질 소리도 들린다
잘게잘게 부서지는
살과 뼈의 소리도 들린다

무쇠바퀴가 눌러 밟고 지나 간 뒤
어디까지 가야 닿을지 모르는
은하 어디쯤에 흐르고 있을
순백의 어둠 속에서
벗은 옷가지, 잘라낸 머리칼
재 되어 굳어진 화석의 상념들을
모래톱에 묻는 삽질 소리 들린다

어둠이 팔을 뻗어
더운 가슴으로
떨고 있는 나의 알몸을
품어 안는다

펄밭 오두막
–초록비타민의 서러움 혹은 59

차 오른 물이 빠지자
낡고 지친 배들이
펄 위에 잠자리를 마련하며
검은 그림자가 되어가기 시작한다

먼 바다에서 돌아온 갈매기들
삶의 구석구석에 배어있는 비린내 속에서
낮게 날며 사람냄새를 즐긴다

협궤열차는
늦은 시간을 재촉하며
펄 위에 지어진
비좁은 내 오두막을 지나
바다로 떠날 채비를 하는데
웅덩이에 고인 바다 물줄기
때 묻은 내 집 문턱을 씻어내고 있다

블루칩
—초록비타민의 서러움 혹은 53

오늘의 날씨를 예상할 수 없는
증권가에서
블루칩들을 노리는 고래들의
물밑 작업

바람의 방향을 예측할 수 없는
국회의사당
간과 쓸개를
바닷물에 재어두지 않고도
망둥이도 뽈낙도 이 손 안에 있소이다
한 코에 줄줄이 꿰어 채려는
고래들의 물밑작업

깡통들 요란한 소리쯤이야
물 건너가건 말건
여의도의 파고는
오늘도 예상할 수가 없다

먹이사슬

―초록비타민의 서러움 혹은 55

상어 떼는 참치 고등어를 떼로 잡아먹고
참치 고등어는 멸치를 잡아먹고
멸치는 새우를 잡아먹고
새우는 플랑크톤을 잡아먹고……

플랑크톤은 크릴새우님에게 먹히고
크릴새우는 멸치씨에게 먹히고
잔챙이는 중간치에게 먹히면서
크든 작든 가리지 않고 먹어치우는
고래등살에 넓디넓은 바닷길 피해 다니지만

무적無敵의 고래 놈은 결국
바다에게 통째로 먹히고 만다

먹고 먹히고
먹히고 먹고
바다는 늘 피투성이다

관음觀音
–초록비타민의 서러움 혹은 58

해문海門에 기대어 귀 기울이면
들린다
지구가 회전하는 소리

등대가 없는 곳에서도
부챗살처럼 퍼지는
빛의 소리

소리가 보인다

물살 층층 쌓여 단단해진
바다 밑 진펄 속
세월을 파고들어 파묻힌 나무토막이
천근만근 침묵으로 허물을 삭히는
백단향

투명한 향기가 들린다
보인다

초록비타민의 서러움 혹은

-초록비타민의 서러움 혹은 54

바다는 늘
무기질의 햇살과
건성의 바람 그리고 초록비타민의
내 서러움 혹은
아름다움이라 말하는 슬픔이
잘 섞이고 있습니다

해감모래
—초록비타민의 서러움 혹은 35

힘겹게 도착한 중년의 바다에서
다리 부러지던 그 골목길의
쓸쓸함도 바다였고
눈멀게 하던 모퉁이에서
잃어버린 표정들도 바다였다

사바의 온갖 상념들이
해초에 엉겨 붙어
더욱 싱싱하게 살아난다

좋다!
이제부터 가라앉기로 한다
물속 깊숙이
해감모래로 드러누워
몸서리쳐지는 천 근의 고독을
버티며 숨죽이고 앉아
쇳물 녹아 흐를 길 트는
그 새벽을 기다리기로 한다

버티며 이 앙다물고

담금질의 햇덩이 붉게 솟아오를
그 새벽을 준비하기로 한다

거푸집

—초록비타민의 서러움 혹은 36

또록또록한 활자로
새겨질 그 언젠가
뽑혀 찍힐 그날을 위해
갈무리해둔 말들
거품 일으키는 말들을 씻어낸
거푸집 속에 들어앉아
잠복하기로 한
해감모래 한 삽

*해감모래로 거푸집을 만든다.

멍텅구리배
–초록비타민의 서러움 혹은 60

땟국 낀 손금 사이에서 출렁이는
바다의 길
눈먼 짐승이 되어
희망과 절망 사이를
수없이 오가며
업만 가득가득 실어 나르는
바지선

슬픔마저 마모되어 가는 슬픔에 잦아져
드디어 일궈낸 무심無心
누추하나 묵직한 추錘가 되어
바다의 무게를 가늠하는
몸 하나로
오늘도 그 바다 위
운명처럼 떠 있습니다

떼
–초록비타민의 서러움 혹은 33

힘없는 멸치들 떼를 지어 이루어내는
커다란 군단 눈물겹다
멸치군단을 찾아나서는 고래
고래 눈치 보며 슬금슬금 뒤따라
줄을 잇는 참치 떼들

비굴한 웃음을 발라가며 몰려다니는,
요령부리며 양다리 걸치기,
눈치껏 줄서기에 여념이 없는,
떼, 떼, 떼, …… 이름이 부끄러운 떼들
염치를 버리고 흘러 다니는 떼, 떼,
어디서 많이 본 꼬라지들이다

누구는 작은 손들을 모아
서로 괴고 기대어
커지는 법을 알고
누구는
큰 나무 밑에서 비 피하는
법을 잘 알아 활용하고,
살기 위해서 몰려다니는 멸치도 고래도, 또

허명에 시궁창 냄새 풍기며 몰려다니는
누구도 누구도 다 함께
시퍼렇게 살아있는
목숨의 바다

물의 나라 새벽
–초록비타민의 서러움 혹은 56

뼛속에도 바람이 부는
수탈의 도시에서
폐기 처분된 희망이 아직도 살아남아
새벽 출항을 서둘러댄다

탈수된 목숨을 바닷물에 적시는
소금밭 위
한 줄의 시
한 움큼의 진실을 위해
헛것들을 증발시킨다

해체된 그리움을 복원하는
집 한 채

실종된 문패를 달고
새벽을 여는
물의 나라

| 해설 |

이 지독한 바다멀미, 그리고 시멀미

– 「초록비타민의 서러움 혹은」을 중심으로

김열규(전 인제대학교 교수)

1. 정체停滯가 있을 뿐, 정체正體가 없는……

바다에 관해서 쓰는 일은 매우 위험한 일, 위태롭기 짝이 없는 일이다. 필경 아무것도 못 쓰고 말거나 아니면 뒤죽박죽의 소용돌이에서 익사하고 말거나 할 것이 사뭇 뻔하기 때문이다.

그런데 권천학 시인이 그 위태로운 일을 하고 나섰다. 그것도 미친 듯이.

바다에는 무엇보다 정체正體가 없다. 이따금 바람이 잔잔한 날 아니 그러한 착각에 젖게 하는 어느 한 찰나에 수유의 정체停滯는 있어도 그것을 바다의 정체正體로 바꿔치기해서는 안 된다.

바다도 어딘가에 가장자리가 있긴 할 테지만 웬일인지 사람들은 옛부터 바다를 무한이라고 생각해왔다. 영원이란 상념을 공간화하였을 때 바다는 인간 심성의 안자락에서 출렁대기 비롯하였다. 바다 너머는 바로 '피안' 이었다. 영원히 미지일 저승이었다. 그렇듯이 바다 밑 또한, 어엿한 저승이었다. 수직의 축으로도 수평의 축으로도 어차피 바다는 '저 너머' 였다. 바다에는 '여기' 도 '지금' 도 없다.

우리들이 흔히 플랑크톤이라고 부르는 것들은 원래 희랍어로 '떠돌이' 를 의미하는 것이니 바다는 그 무엇에게나 표랑과 방랑을 면치 못하게 한다. 바다 앞에 서는 순간, 바다 가운데를 가는 순간, 어떤 존재라도 그저 플랑크톤에 불과하다. 허지만 그것은 다행스러운 일인지도 모른다. 왜냐하면 표류하고 표랑하는 움직임 그것이야말로 우리들의 저 소중한 넋의 소망일지도 모르기 때문이다.

가령 한 컵의 바닷물을 보고 있다고 하자.

그저 물뿐인 완벽한 무無로, 없음으로만 보일 것이다. 물이 만일 유리알처럼 투명하다면, 물이 담겨져 있는 채로 컵은 텅 빈 공간으로 남아있을 수도 있다. 그러나 그 속에 백만, 수백만의 규조 무리가 있음을 누가 알겠는가? 아니 누가 보아내겠는가? 더욱 이 단세포 식물의 무리에는 거의 무한의 단세포 동물들, 먼지 알갱이보다 더 미세한 목숨들이 헤아릴 수 없을 만큼 많이 엉켜있다는 것을 무슨 수로 사람의 눈이 보아내겠는가? 이같이 바닷물 앞에서, 바다 앞에서 사람은 소경이 되고 만다.

노르웨이의 생리학자 톨 하이엘 델에 의하면 바다는 그 어둠이 짙을수록 생명체의 활동이 더 활발해진다고 한다. 낮보다는 밤에, 보름밤보다는 그믐밤 칠흑의 어둠 속에서 바다는 보다 더 융숭한 생명이 된다는 것이다.

검퀴루스라는 이름의 물고기, 뱀고등어라고나 번역될 이 물고기는 남미와 갈파고스 섬에서만 다만 화석으로 눈에 띈 것뿐인데 동료 다섯 사람과 더불어 자그마치 4,300마일이라는 거리에 걸쳐서 백 하루 동안 횡단한 이 모험가는 야밤에야 이 신비한 물고기가 수면 위로 솟구치는 것을 목격한 것이다.

이같이 바다에서는 이미 화석이 되어버린 오랜 동물, 억년으로도 미쳐 못다 할 세월 저 너머의 존재가 불시에 어둠을 뚫고서 재생한다.

바다 앞에서는 저 허망한 욕망, 인간적인 미망, 미신은 버려야 한다. 사물, 세계, 있는 그대로 보는 청정한 눈이라는 억지, 어거지 그리고 미욱한 독선獨善을 정처 없이 떠나보내야 한다. 바다에는 있는 그대로란 아무것도 없기 때문이다. 그대로도 저대로도 이대로도 아무대로도 없는 것, 그것, 그런 상태로 바다는 우리 앞에 있다.

바다는 영원히 원초 그대로고 영원히 아직도 오지 않고 있는 미래의 변화다. 태초와 개벽과 그리고 영겁의 내일이 아침마다 번갈을 수 있는 곳으로 바다는 우리 앞에 있다.

그러기에 바다 앞에서 우리들은 생각하는 게 아니다. 다만 고뇌하고 번민하고 엎치락뒤치락거릴 수 있을 뿐이다. 불변의 존재성이란 바다에 버려진 나뭇잎 한 쪽만도 못하다. 변전으로

써만 다만 바다는 확실할 뿐이다. 그래서 바다는 무한으로 자유롭다. 회의주의懷疑主義는 바다가 보장할 유일한 이성의 징표다. '슬기가 슬픔일 수 있다. 그러나 슬픔이 광증일 수도 있는 것이다……' 이것이 멜빌의 '모비딕' 에서 이스마엘이 뇌까리는 말이다. 슬기–슬픔–광증이 한 줄에 꿰어진 염주 알처럼 서로가 서로의 다른 얼굴로써 공존하는 것 그것이야말로 바다의 장관이다.

에이하브 선장 이하 모든 사람이 흰 고래와의 싸움 끝에 죽고 말았을 때 오직 한 사람 이스마엘만이 살아남아서 모비딕의 이야기를 전하듯이, 바다와 사투를 벌이듯, 무수한 생각을 한 모든 사람이 다 사라지고 난 다음, 인간 세기의 끝장에서 누군가 한 사람이 불행하게 살아남아서 마지막 바다에 관한 유언을 남길 때, 그때 비로소 바다는 그 수수께끼 같은 물음의 형태를 가늠하게 될 것이다. 답은 그 다음 문제다.

2. 공변이共變異들의 알라베스끄.

바다 앞마을에 이사하고는 행여라도 '바다의 시첩' 이라고 이름 붙일만한 책 한 권쯤 꾸려볼까 하고 될 궁리 안 될 궁리하고 있는 차에 권천학 씨는 필자에게 난데없이 자신의 '바다의 시첩' 을 내밀었다. 아니 우송해왔다. 받고 안 받고가 없었다. 그리고는 그 시집에 산문사족散文蛇足을 붙이라고 했다.

전에도 이미 권천학 씨의 작품에 대해서 논한 일이 두세 번

있는 터이지만 그리고 안부를 나눌 때마다 언뜻언뜻 바다를 품어 안고 있다는 이야기를 듣고 있긴 했지만 근황 정도의 안부로 지나쳤었는데 막상 바다 시 원고뭉치를 받아 들고 보니 불시에 포세이돈의 저주를 받은 기분이었다. 바다에 관해서 쓰는 일만해도 태풍 속의 항해 같은 것인데 한 수 더 떠서 '바다의 시' 에 관해서 쓰라니, 아예 난파할 것은 불을 보듯 뻔하기 때문이다. 절대로 이타카로는 못 돌아올 오디세이라면 이런 기분에 사로잡혔을 것 같다. 그래서 필자의 '귀향이 없는 오디세이의 항해' 는 시작된 것이다. 저주는 피할 수 없는 것이 되고 만 것이다.

바다는 오늘도
인생론 집필에 몰두하고 있다
쓰고 지우고 쓰고 지우고
격렬한 필치의 서사시도 인용하고
수채화 같은 서정시도 펼치면서
끝도 없이 고쳐 쓴다

시궁창에 처박혀 숨도 쉴 수 없었던 일
사탕발림에 속아 간도 쓸개도 다 넘겨주고 나서
돌아설 때 등을 치며 날리던 헛웃음
길 잘 못 들어 허덕이며 가슴 치던 절망마저도
어느 것 한 가지 약 아닌 것 없고
한 번도 잘나본 적 없던 남루한 시간들이

모두 엉겨 진하게 달여진 잉크,
피를 삭여 쪽빛을 내는 잉크를 찍어
응달과 양달을 뒤섞는 펜 끝에
온 세상이 줄줄이 매달려 휘날린다

바다가 촘촘히 써나가는 인생론을
읽고 또 읽어 가면
첩첩 쌓인 삶의 숨겨진 언덕들이
한 켜 한 켜 때 묻은 살 껍질들을 벗겨낸다

—「인생론 집필 중」(초록비타민의 서러움 혹은 48)

바다와 시적 자아와 온전히 동화된 '인생론 쓰기', '인생을 위한 에끄리튈', 이 시를 전형으로 삼은 권천학 씨의 '바다의 시'와 나의 미완의 '바다를 위한 시첩'의 만남으로 천생 '바다의 시' 읽기를 대신코자 편법을 부린 것은 그 저주를 구조화하자는 약은 꾀 때문이다.

「초록비타민의 서러움 혹은」이라는 '바다의 시'에서 향수를 찾아내기는 불가능해 보인다. 말하자면 일정하게 정해진 렌즈의 포커스 속에 잡혀서만 들추어 보일 바다의 의미, 그런 것을 기대해서는 안 된다. 그런 점에서 위의 시에서 드러난 바다와 시적 자아와 시인 사이의 완벽한 삼중주는 불협화로 들릴 가능성을 내포하고 있다. 그러나 실망해서는 안 된다. 왜냐하면 삼중주가 된 일체화가 있었기 때문에 비로소 오히려 향수 아닌 '변수變數'의 주제를 줄기차게 연주할 수 있었기 때문이다.

시인 스스로 일부 고백하고 있듯이 이 시집은 시인의 자서전이라기보다는 시인의 포에지의 자서전을 겸하고 있다. 그러나 결코 일정한 시야에서 통시론적으로 생애를 부감하고 있지는 않다. 과거와 현재가 마치 씨앗과 열매 사이이기나 하듯이 적어내는 저 우매한 이른바, 역사서에 준할 자서전을 이 시집에서는 기대해서는 안 된다. 현재 쪽에서 물구나무를 서서야 비로소 제자리 잡을 과거가 있다는 것을 그 흔한 역사서들은 모르고 있는 것이다. 이 시적 자서전 속에서는 모든 것은 시도 '공변이共變異' 로써 존재하고 또 현재로써만 존재하고 있다. 어느 하나가 다른 하나의 전범이 된다거나 아니면 어떤 한 가지가 또 다른 한 가지의 선구가 된다거나 하는 식으로 줄지어 서 있지도 않고 계층적 질서를 유지하고 있는 것도 아니다. 제각기 저 나름대로 독자적 개체로 존립하되 그 각각들이 서로 다양성과 이질성을 보장해주고 공존하는 공화국을 이루고 있는 것이다. 따라서 그 공변이들이 모순이며 갈등을 쭈뼛대고 있는 기색은 조금도 없다.

그 시린 물이 자신의 품속에 어느 순간 기약도 없이 폭발할 화산불덩이를 잉태하고 있듯이…… 불기둥을 잇따라 토해낼 때, 바다는 싱그러웠듯이……

> 벗어나고 싶어
> 바다에 간다
>
> 갇히고 싶어

섬에 간다

—「이유」(초록비타민의 서러움 혹은 25)

이것은 물론 변덕이 아니다. 엎치락뒤치락은 더욱 아니다. 정서가 이성에 길들고 감정이 문화에 익어버린 퇴락의 끝을 거부하고 있다. 정서가 정서로써 순수하게 사고하고 감정이 감정으로써 자유롭게 사유할 경지라면 이 모순은 차라리 순리라고 해야 한다.

권 시인이 끝없는 '바다의 비유'에 집념하고 있는 것은 사실이다. 전혀 바다가 그림자조차 비친 적이 없는 삶의 토막조차 예사롭게 이 시집 속에 자리 잡고 있는 것은 바로 그 때문이다. 그것은 적어도 사유의 차원에서 아니면 사상의 차원에서 인간이란 육지동물의 '원해복귀原海復歸' '귀소' 같은 것인지도 모른다. 몇 억 년 전쯤 철벅철벅 바다에서 육지로 기어 올라간 동물이 이제 되돌아가고 있는 시늉을 짓고 있는지도 모를 일이다.

3. 모순矛盾의 항로航路

그건 너무나 오랜 귀향일까?

인간의 시들은 너무나 오랫동안 바다를 어머니로 노래하고 또 죽음의 심연으로 노래하는 것에 길들여져 왔다. 어머니와 죽음 그것은 서로 어울리지 못할 맞수끼리일 법도 하다. 하지만 바다는 천연스럽도록, 아니면 능청맞도록 맞수 아닌 배우자로 그 둘은 더불고 있다.

권천학 씨의 바다의 비유법은 단순히 바다가 생의 거울 그리고 육상적인 것의 거울이기만 하다는 것을 의미하고 있지는 않다. 그러니까 이 시집은 바다에 비친 삶의 그림자 따위와는 무관하다. 바람 거친 날의 별의별 파도의 조형과도 같은 것이 이 시인의 삶의 해일처럼 또 노을처럼 아니면 안개처럼 던져진 것이다.

이 시집에서 말투, 말버릇, 말솜씨 등은 종잡기 쉽지 않다.

바다와 시인의 자아와 그리고 그 자아가 겪어온 생과 그 역정이 더불어서 더러는 지적인 더러는 정감적인 또 더러는 포악스런 또 달리 더러는 내숭스런 동휴同携, 반역反逆, 친화親和, 탈주脫走 등을 일삼고 있다. 동시(동화), 아포리즘, 풍경의 점묘, 고백, 잔인한 비수比首, 유혹 등등 이 시집의 담화는 다변적이고 수다스럽고 몸부림스럽다. 갖지 못한 것에 부치는 그리움, 대상 없을 피안에의 향수, 본 적이 없는 것에 대한 응시, 상실한 적이 없는 것에 대한 추적, 새로운 개벽의 예비, 상처의 거듭된 확인, 회의懷疑가 가꿀 사랑, 실족이 일굴 연모戀慕, 도주가 가져다줄지도 모를 성취……주제별로 이미지의 목록을 만들어보자면 이토록 어지럽다.

"지옥이면 어떻고 천국이면 어떠냐, 뛰어들자, 심연의 바닥에, 새로운 것을 찾아내기 위해서, 미지의 것의 근저에", 뽀드렐은 그의 '항해'에서 이같이 노래했지만 바다는 굳이 심연만이 미지가 아니라는 것을 이 『초록비타민의 서러움 혹은』은 보여준다.

바다에서 권 시인은 낯선 것, 없을 것, 아직도 없었을 수수께끼 등을 챙겨서 찾아내는 것이다. 사람들은 과거가 이미 정해진 그래서 기왕에 아주 굳어진 것으로만 회고하려 든다. 그게 얼마나 치졸한 일인가를 이 시집은 일깨워주고 있다. 과거는 오직 미지의 보고로, 광맥으로 생생하게 존재한다는 것을, 바다며 그 물살, 그 비바람, 그 비안개, 그 모랫바닥, 뻘 바닥 그리고 파도에 슬리고 있는 섬 등과 함께 노래하는 것이다. 그러니까 『초록비타민의 서러움 혹은』이 자서전적이라고 해도 과거라는 광맥의 막장에서 캐내어오는 것이라고 해야 한다. 바다란 그 파도, 그 바람, 그 구름의 그림자, 그리고 그 모든 것에 따라서 순간순간 변화할 물빛까지 모두 또 다른 광맥으로써 이 시집에서는 작용하고 있다.

그러면서 시인은 그 바다의 비유법으로 끊임없이 바다와의 동화를 시도한다. 하지만 그 동화는 이화작용을 내몰지는 않는다.

바다에서는 세계에서는 다들 어느 것이나 다 죄, 서로 이화작용함으로써 공존한다는 것을 이 시인은 바다와 동화함으로써 가까스로 득음得音하듯 득시得詩한 것이다. 이 경우 득음得音이란 이를테면 악성樂聖의 탄생과도 같은 것이라고 생각해 두는 게 좋을 것 같다.

그리하여 시인은 '모순의 항해'를 계속한다. 아니 그것에 탐닉한다. 하나의 시는 그 물메아리로써 전혀 반대의 소리를 되올리는 것을 굳이 피하려하지 않는다. 삶의 궤적이, 시가 또한 그렇다는 것을 권 시인은 독배毒杯를 기꺼이 들이키는 사람처럼 받아들인다.

"나는 바다 위에 안식의 십자가가 서는 것을 보았다. 나는 무지개 다리에 의해서 지옥바닥으로 내동댕이쳐졌다. '행복' 은 내 운명, 내 뉘우침, 내 몸통 속의 기생충이었다."

이것은 랭보가 그 '말의 연금술' 에서 뇌까린 말이다. 이 경우 그가 '술주정뱅이' 의 시인이란 것을 놓치지 말아야 한다. 이 뇌까림에서 아니면 되뇌임에서 질서나 조직을 기대해서는 안 된다. 그 모순과 더불어서 요동치는 것이 '행복', 시 읽는 행운이라면 행운이다.

권천학 씨의 '바다의 시' 를 읽을 때도 사정은 별로 달라지지 않는다. 하나의 소리가 그것과 어긋나고 그것과 뒤틀리고 그것과 어기적대는 메아리를 일으키는 그만큼 시가 풍요하다는 사실을 즐기면 그걸로 족하다. 그 '모순의 항해' 에서 우리들은 다만 취해 떨어지듯 뱃멀미를 앓는 것으로 시 읽기를 대신하면 된다. 그것은 필경 바다멀미이자 『초록비타민의 서러움 혹은』 이란 시집이 일깨워 준 '시멀미' 같은 것이다.

결국 미완의 '바다의 시첩' 을 꿈꾸고 있던 사람에게 뜻밖에 『초록비타민의 서러움 혹은』이야말로 또 다른 기괴한 바다로 경이의 바다로 출렁대고야 만 것이다. 이 한 편의 사족산문은 다만 그 출렁댐의 자국일 뿐이다. 아니 그 자국이라도 되었으면 더 바랄 데가 없겠다.

문학의전당 · 시인선 115
초록비타민의 서러움 혹은

초판인쇄 2011년 6월 20일
초판발행 2011년 6월 27일

지 은 이 권천학
펴 낸 이 김충규
펴 낸 곳 **문학의전당**
출판등록 제387-2003-00048호(2003년 9월 8일)

주　　소 121-718 서울특별시 마포구 공덕2동 404번지 풍림VIP빌딩 202호
전화번호 02-852-1977
팩시밀리 02-852-1978
블 로 그 http://blog.naver.com/mhjd2003
전자우편 mhjd2003@naver.com

I S B N 978-89-93481-97-6 03810